BEI GRIN MACHT SICH IHR WISSEN BEZAHLT

Bibliografische Information der Deutschen Nationalbibliothek:

Die Deutsche Bibliothek verzeichnet diese Publikation in der Deutschen National-
bibliografie; detaillierte bibliografische Daten sind im Internet über http://dnb.d-
nb.de/ abrufbar.

Impressum:

Copyright © 2010 GRIN Verlag, Open Publishing GmbH
Druck und Bindung: Books on Demand GmbH, Norderstedt Germany
ISBN: 978-3-668-21060-8

Dieses Buch bei GRIN:

http://www.grin.com/de/e-book/162417/die-veraenderung-gesellschaftlicher-werte-
und-ihre-auswirkungen-auf-e-business

Matthias Albert

Die Veränderung gesellschaftlicher Werte und ihre Auswirkungen auf E-Business

GRIN Verlag

GRIN - Your knowledge has value

Der GRIN Verlag publiziert seit 1998 wissenschaftliche Arbeiten von Studenten, Hochschullehrern und anderen Akademikern als eBook und gedrucktes Buch. Die Verlagswebsite www.grin.com ist die ideale Plattform zur Veröffentlichung von Hausarbeiten, Abschlussarbeiten, wissenschaftlichen Aufsätzen, Dissertationen und Fachbüchern.

Besuchen Sie uns im Internet:

http://www.grin.com/

http://www.facebook.com/grincom

http://www.twitter.com/grin_com

Inhaltsverzeichnis

Abbildungsverzeichnis

Abkürzungsverzeichnis

GM - Geschäftsmodell

GP – Geschäftsprozess

IKT – Informations- und Telekommunikationstechnologie

SOM – Semantisches Objektmodell

1 Einleitung

Einleitend werden wichtige Begriffe definiert, um ein einheitliches Verständnis zwischen Autor und Leser zu schaffen. Als weiterer Teil des ersten Kapitels wird die Untersuchungssituation dargelegt. Im darauf folgenden Kapitel werden zuerst die Veränderungen innerhalb der Gesellschaft in den letzten 100 Jahren thematisiert und anschließend auf aktuelle Änderungen der gesellschaftlichen Werte eingegangen. Im dritten Kapitel wird durch das Perspektivenfünfeck der Wirtschaftsinformatik der Zusammenhang zwischen Veränderungen der gesellschaftlichen Werte und den Auswirkungen auf E-Business aufgezeigt und anhand von Beispielen erläutert. Abschließend folgen eine Zusammenfassung der behandelten Thematik und ein Fazit.

1.1 Begriffsdefinitionen

„Definieren heißt ausschließen und negieren."

José Ortega y Gasset (1883-1955)

Wie auch José Ortega y Gasset am Anfang des 20. Jahrhunderts sagte, handelt es sich bei einer Definition um eine Eingrenzung des angegebenen Wortes bzw. der angegebenen Sache, die ein einheitliches Verständnis gewährleistet. In den folgenden Kapiteln werden Begriffe definiert, damit es beim Lesen dieser Studienarbeit zu keinen unterschiedlichen Auffassungen über deren Bedeutung kommt.

1.1.1 Gesellschaftliche Werte

Der Begriff Wert weist im deutschsprachigen Raum viele unterschiedliche Facetten auf. Er wird in der Umgangssprache in überwiegender Weise genutzt, um einem Objekt die subjektive Eignung zur Befriedigung von Bedürfnissen zuzuweisen. [Bart05, S. 19]

Bei einer umfassenden Betrachtung des Wertbegriffs darf dessen Verwendung in anderen wissenschaftlichen Disziplinen nicht vernachlässigt werden. In der Soziologie, Ethik, Psychologie, Pädagogik, Psychologie oder den Naturwissenschaften wird der Begriff in unterschiedlicher Art und Weise genutzt. Neben dem mathematischen Wert bestehen in den genannten wissenschaftlichen Disziplinen auch Werte, die Haltungen, Verhaltensweisen oder Normen repräsentieren. Die Ausprägungen dieser Werte sind beispielsweise Glück, Gerechtigkeit, Transparenz oder Vertrauen. [Stä+00, S. 7]

Grundlage für die Entstehung von personenbezogenen, individuellen Werten liefern soziale, kulturelle, persönliche und institutionelle Faktoren. [Phan98, S. 112]

Individuelle Werte entstehen durch die Rangzuweisung eines Subjekts zu einem Gegenstand, welcher materiell oder immateriell sein kann. Das Subjekt überschaut seine Beziehung zu dem Gegenstand und beurteilt diesen. Diese Beurteilung setzt es ins Verhältnis zu vorher bewerteten Gegenständen. Die Werte des Menschen ergeben sich aus den Beurteilungen der Gegenstände. Auf diese Weise entwickeln sich Vorlieben und Abneigungen. Die gesellschaftlichen Werte entstehen durch den interindividuellen Handlungszusammenhang von individuellen Werten. [Fees00, S. 268]

Ein weiterer wichtiger Begriff, der im Rahmen dieser Seminararbeit eine Rolle spielt ist Gesellschaft. Gesellschaft bezeichnet die Verbundenheit unter gleichen Lebewesen, die in dem gleichen Lebenszusammenhang eingeschlossen sind. Eine enger gefasste Definition, welche die Begriffsverwendung in dieser Studienleistung darstellt, befasst sich mit den Menschen als Mitglieder einer Gruppe, die natürlich gewachsen oder künstlerisch geschaffen worden ist. [Boys09, S. 94]

Die gesellschaftlichen Werte stellen den Rahmen dar, in den das Individuum eingebunden wird. Wie die individuellen Werte beschreiben auch die gesellschaftlichen Werte wünschenswerte Zustände und Handlungen. [HaSc07, S. 28]

Das Handeln und Verhalten der einzelnen Gesellschaften wird durch unterschiedliche Einstellungen, Werte und Bedürfnisse geprägt. Die Werte der Gesellschaft beeinflussen die Werte des Individuums. Geschlossene, gesamtgesellschaftliche Wertesysteme dienen als Rahmen innerhalb dessen sich das einzelne Individuum bewegen kann, um die gewünschten Ziele zu erreichen. [Hopf98, S. 219f.]

Gesellschaftliche Werte sind ein Indikator für die Einstellungen von Gruppen, die sie gegenüber Gegenständen haben mit denen sie in Beziehung stehen.

1.1.2 Änderungstrend

Um die Komposition „Änderungstrend" zu verstehen, ist eine Zerlegung in ihre Bestandteile Änderung und Trend notwendig. Nach deren Definition kann die Bedeutung des Begriffs für den weiteren Verlauf geklärt werden.

Unter Änderung wird ein Wandel verstanden, der weder positiv noch negativ gewertet wird. Der Begriff ist im Gegensatz zu einer Optimierung nicht mit einer Wertung behaftet. [MüLe01, S. 388]

Der Begriff Trend wurde aus der englischen Sprache übernommen und bedeutet übersetzt Richtung, Grundbewegung oder Neigung. Von einem Trend wird im allgemeinen Sprachgebrauch gesprochen, wenn die Richtung des Marktes – der Verlauf der Konjunktur - thematisiert wird. [Murp04, S. 63]

Trends sind Veränderungsbewegungen in der Umwelt, die in der Gegenwart bereits wirksam und sichtbar sind und damit quantitativ und qualitativ beschrieben werden können. Trends umfassen weite Bevölkerungskreise und können Werte oder Verhaltensweisen nachhaltig verändern. Ein Trend wird als mehrdimensionales, komplexes Phänomen innerhalb der Gesellschaft bezeichnet. [Horx95]

Der Begriff Änderungstrend wird im weiteren Verlauf als Veränderung von komplexen, mehrdimensionalen Phänomenen innerhalb der Gesellschaft verwendet.

1.1.3 E-Business

Electronic Business ist ein Lehnwort aus dem Englischen und wird im deutschen Sprachgebrauch für elektronischen Geschäftsverkehr verwendet. Im Mittelpunkt stehen die Phasen Anbahnung, Vereinbarung und Abwicklung elektronischer Geschäftsprozesse. Hierunter wird der Leistungsaustausch der einzelnen Marktteilnehmer unter Verwendung privater oder öffentlicher Kommunikationsnetze mit dem Ziel der Wertschöpfung verstanden. Ein wichtiges Charakteristikum ist die Erstellung eines Mehrwerts. Dieser Mehrwert kann ein immaterieller oder monetärer Betrag sein. Im E-Business können Unternehmen, öffentliche Institutionen und Privatpersonen sowohl als Leistungsanbieter als auch als Leistungsempfänger auftreten. Im Gegensatz zu E-Commerce beschäftigt sich E-Business zusätzlich mit den Beziehungen des Unternehmens entlang der Wertschöpfungskette zum Lieferanten (E-Procurement), mit dem strategischen Lenkungssystem (Management Support) und dem operativen Lenkungs-und Leistungssystem (Enterprise Ressource Planing). [MeSt08, S. 2f.]

1.2 Untersuchungssituation

Das von FERSTL entwickelte Konzept der Untersuchungssituation wird zur Festlegung des Untersuchungsgegenstands verwendet. Die Anwendung eines Untersuchungsverfahrens auf das Untersuchungsproblem (Kombination aus Untersuchungsobjekt und Untersuchungsziel) spezifiziert die Untersuchungssituation. Durch die Anwendung des Untersuchungsverfahrens wird ein Untersuchungsergebnis generiert, welches die Lösung des Untersuchungsproblems beinhaltet. Die nachfolgende Abbildung verdeutlicht das vorgestellte Konzept. [Fers79, S. 44ff.]

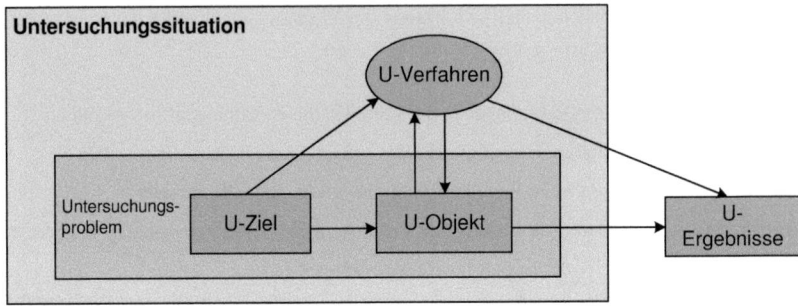

Abbildung 1: Untersuchungssituation nach FERSTL

In der vorliegenden Studienleistung wird die Gesellschaft in Deutschland als Untersuchungsobjekt verwendet. Untersuchungsziel ist die Messung der Auswirkungen von Änderungstrends gesellschaftlicher Werte auf E-Business unter dem Gesichtspunkt der Lebensfähigkeit von Unternehmen. Zur Lösung dieses Untersuchungsproblems wird eine Betrachtung der gesellschaftlichen Werte der letzten Jahrzehnte durchgeführt. Hierdurch sollen Veränderungen der gesellschaftlichen Werte identifiziert und deren Auswirkungen auf das E-Business anhand des Perspektivenfünfecks der Wirtschaftsinformatik analysiert werden.

2 Änderungstrends von gesellschaftlichen Werten

„Nichts ist so beständig wie der Wandel"

Heraklit von Ephesus (etwa 540 - 480 v. Chr.)

Schon Heraklit von Ephesus erkannte vor ca. 2500 Jahren, dass ständig Änderungen auftreten. Im Folgenden werden diese Änderungen zuerst auf historischer Ebene betrachtet, um dann den aktuellen Bezug herzustellen.

2.1 Die Gesellschaft im Wandel

Die fortschreitende Entwicklung neuer Technologien erzeugte viele Veränderungen in der Gesellschaft. Über die Agrargesellschaft, Industriegesellschaft und Dienstleistungsgesellschaft entwickelte sich die aktuell im Jahr 2010 bestehende Informationsgesellschaft. Hand in Hand mit dieser Entwicklung der Gesellschaft ging auch der Wandel der gesellschaftlichen Werte, die die jeweiligen Epochen prägten. Beispielsweise lebten die Ur-Menschen zusammen in einem Stamm, wohingegen in der heutigen Gesellschaft viele Menschen alleine leben. [Wein09, S. 32ff.]

Die Gründe für diese Umorganisation des Wertesystems sind vielschichtig und können beispielsweise an veränderten Knappheitslagen, eigenständigen kognitiven Prozessen, mangelnder Funktionserfüllung, Änderungen in der Bildungspolitik oder demografischen Veränderungen liegen. [Phan98, S. 113]

Nicht nur innerhalb der einzelnen Epochen kommt es zu einem Wandel der gesellschaftlichen Werte, dies geschieht auch im Verlauf der Epochen. Die massive Verbesserung der ökonomischen Lebensumstände, die sich in vielen westlichen Ländern seit dem Ende des Zweiten Weltkriegs entwickelt hat, führt zu einer Ablösung der materialistischen durch postmaterialistische Werte. Materialistische Werte sind Werte, wie die individuelle Betonung von Leistung, Prestige, sozialem Aufstieg und Sicherheit. Postmaterialistische Werte sind beispielsweise Lebensqualität, gesellschaftliche Beteiligung, Selbstentfaltung oder Emanzipation. [Kroh08, S. 480f.]

2.2 Aktuelle Veränderungen

Der im Kapitel 2.1 angesprochene gesamtgesellschaftliche Wertewandel vom Materialismus zum Postmaterialismus hat Auswirkungen auf die verschiedensten Bereiche. In den nachfolgenden Unterkapiteln werden die in der Bevölkerung festgestellten Trends dargestellt.

2.2.1 Entchristlichung

Unter Entchristlichung wird die Loslösung des Einzelnen oder der Gesellschaft aus der Bindung der christlichen Kirche verstanden. Im Jahr 2010 beträgt der prozentuale Anteil der deutschen Bundesbürger, die einer der beiden Großkirchen angehören, erstmals in der Geschichte der Bundesrepublik Deutschland weniger als 60% der Gesamtbevölkerung. Im Jahr 1970, dem Beginn der Epoche der Informationsgesellschaft, betrug der Anteil 93%.

Die Forschungsgruppe Weltanschauungen in Deutschland ist der Meinung, dass die Kirchenaustritte (durch Tod oder Erklärung) auch in Zukunft über der Anzahl der Kircheneintritte liegen. Dies lässt darauf schließen, dass in nächster Zeit keine Trendumkehr zu erwarten ist. [Fowi09, S. 5ff.]

Eine Verstärkung der Kirchenaustritte ist aus Autorensicht durch das Auftreten neuer Missbrauchsfälle an katholischen Schulen zu erwarten. Deren genaue Auswirkungen können jedoch aufgrund mangelnder Veröffentlichungen seitens der beiden Kirchen nicht detailliert dargestellt werden.

2.2.2 Der Wille zur politischen Beteiligung

Die Beteiligung am politischen Geschehen hat zahlreiche Facetten. Es gibt verschiedene Möglichkeiten an Politik teilzuhaben, wie zum Beispiel durch tägliches Zeitunglesen oder einer politischen Diskussion. Der Grund für die Partizipation ist im Verantwortungsgefühl gegenüber dem Gemeinwesen zu suchen. [Pötz09, S. 35f.]

Das gestiegene Bildungsniveau, der gesellschaftliche Wohlstand und das damit zusammenhängende Interesse an öffentlichen Angelegenheiten befähigen immer mehr Bürger politisch aktiv zu werden. Die gestiegene politische Beteiligung ist nicht in der Wahlbeteiligung, sondern in eher unkonventionellen Formen, wie beispielsweise Demonstrationen, festzustellen. Der beschriebene Wandel zur Informationsgesellschaft sorgt dafür, dass ein breiter Öffentlichkeitskreis erreicht werden kann und benötigte Informationen preiswert und schnell beschafft werden können. Dies unterstützt den Trend zur erhöhten politischen Beteiligung. [Schm09, S. 3f.]

2.2.3 Ökologie

Der Markt für Bioprodukte ist in den vergangen Jahren kontinuierlich gewachsen. Die Verbraucher messen ökologisch angebauten Lebensmitteln einen immer höheren Stellenwert zu. Viele Handelsketten haben ihre eigene Bio-Produktline, wie beispielsweise REWE Bio, BIO bei Aldi oder K-Bio bei Kaufland, eingeführt. Laut einer aktuellen Studie der GfK kauften im Jahr 2009 94% der deutschen Haushalte Bio-Produkte. Auch die verkaufte Menge an Biolebensmitteln und Biogetränken stieg im Jahr 2009 um 2%. [Adlw10, S. 1f.]

Am Beispiel der biologisch angebauten Lebensmittel ist der in der Gesellschaft vorhandene Trend hin zur ökologischen und nachhaltigen Lebensweise zu erkennen. Der gesellschaftliche Wert der Ökologie, hier stellvertretend dargestellt durch die Bioprodukte, befindet sich noch in der Wachstumsphase, was der steigende Bio-Sortimentsumfang der Handelsunternehmen zeigt. [Jona05, S. 83f.]

2.2.4 Globalisierung

Globalisierung ist zu einem Schlagwort der heutigen Zeit geworden. Durch neue Informations- und Kommunikationstechnologien wird die Verständigung zwischen Akteuren weltweit vereinfacht. Neben in einem Land nicht verfügbaren Rohstoffen, wie beispielsweise Öl oder Salz, werden auch Güter gehandelt, die unter Kostenvorteilen an anderen Orten der Welt preiswerter produziert werden. Technische Innovationen, wie das Farbfernsehen sorgen dafür, dass Ereignisse auf allen Teilen der Erdkugel innerhalb von wenigen Momenten den Verbrauchern zur Verfügung gestellt werden können. Die Unternehmen haben ein weltweites Netzwerk aufgebaut, wodurch es ihnen ermöglicht wird lokale Spezialitäten auf dem Weltmarkt kostengünstig anzubieten. [Rolo05, S. 25ff.]

Diese Ausführungen zeigen, dass es in den vergangenen Jahren zu einer weiteren Betonung des gesellschaftlichen Werts Globalisierung gekommen ist und in naher Zukunft keine Abschwächung dieses Trends zu erwarten ist.

2.2.5 Individualisierung

Ein weiterer gesellschaftlicher Trend ist in der Individualisierung zu sehen. Die Individualisierung von Dienstleistungen, Waren und Softwareprodukten ist die Folge der gestiegenen Ansprüche auf die eigene Lebensverwirklichung innerhalb der Bevölkerung. Die Individuen haben die Bedürfnisse speziell auf sie zugeschnittene Produkte zu erhalten. Kennzeichnend hierfür ist das Auftreten besonderer Spezialisierungs- und Anreicherungserscheinungen, die eine Vielzahl unterschiedlicher Lebensstile zur Folge haben was eine zunehmende Heterogenität des Konsumverhaltens nach sich zieht. [Gier89, S. 4ff.]

Die Firma mymuesli erkannte diesen Trend und wurde 2007 von 3 Studenten in Passau gegründet. Sie bietet den Kunden die Möglichkeit der individuellen Zusammenstellung von Müslis aus einer definierten Anzahl an möglichen Zutaten. Der Umsatz von mehr als einer Million Euro im ersten Geschäftsjahr und die europaweiten Expansionspläne verdeutlichen die Wichtigkeit dieses Trends. [Deut08]

2.2.6 Ablehnung von Bindung, Unterordnung und Verpflichtung

Der Anteil der bürgerlichen Kernfamilienhaushalte im Verhältnis zur Gesamtzahl der Haushalte der über 18 Jährigen ist in den vergangen Jahrzenten zunehmend weniger geworden und wurde von den Haushalten der unverheirateten, kinderlosen Paare überflügelt. Die Anzahl der Haushalte mit nur einem Erwachsenen haben einen Anteil von fast 35% an der Gesamtzahl der Haushalte in Deutschland erreicht. Die Zahl der alleinerziehenden Mütter hat sich von 1970 bis 2002 auf 1,2 Millionen verdoppelt. Ein weiteres Indiz für die Ablehnung von Bindung, Unterordnung und Verpflichtung ist, dass 40% der geschlossenen Ehen nach 25 jähriger Dauer geschieden sind. Im Vergleich zum Jahr 1965 hat sich dieser Wert verdreifacht. [Trot08, S. 78ff.]

2.2.7 Weitere Trends

Neben den in den vorherigen Kapiteln dargestellten Veränderungen der gesellschaftlichen Werte, sind weitere Änderungen zu nennen, deren detaillierte Betrachtung jedoch den Rahmen dieser Ausarbeitung sprengen würde.

Die Skepsis gegenüber ökonomischen Werten, wie Gewinn oder Wachstum, nimmt aufgrund der negativen Schlagzeilen gegenüber Finanzinvestoren, die die Unternehmen radikal umstrukturieren ohne auf die Schicksale der Mitarbeiter zu achten, zu. [Grim06, S. 116]

Einen weiteren Trend stellt die zunehmende Emanzipation der Frau dar. Die Einführung der Frauenquote innerhalb der Führungsetage bei der Deutschen Telekom AG im März 2010 kann als eine Reaktion auf diese Forderung der Gesellschaft gesehen werden. [Deut10, S. 1f.]

Anstatt der Arbeit wird die Freizeit immer mehr zum Mittelpunkt im Leben des Individuums. Dieser gesellschaftliche Trend ist Indikator für den Wandel von der Leistungs- zur hedonistisch orientierten Gesellschaft. Diese Gesellschaft wird auch als Spaßgesellschaft bezeichnet, da das private Glück und die Freizeitgestaltung im Mittelpunkt stehen. [Klüv09, S. 43f.]

3 Auswirkungen auf E-Business

Welche Auswirkungen die im vorherigen Kapitel genannten Änderungstrends der
gesellschaftlichen Werte auf das E-Business haben, wird in diesem Kapitel analysiert. Als
Werkzeug wird das in der folgenden Abbildung dargestellte Perspektivenfünfeck der
Wirtschaftsinformatik eingesetzt.

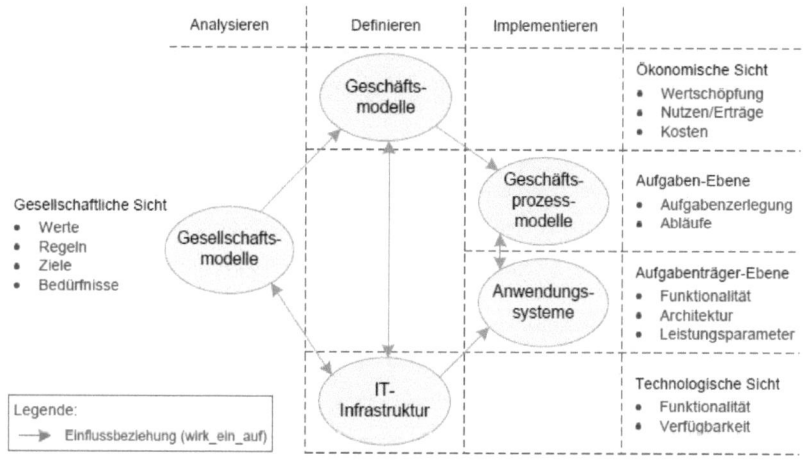

Abbildung 2: Perspektivenfünfeck der Wirtschaftsinformatik nach FERSTL

Das Perspektivenfünfeck besteht aus den Bereichen Gesellschaftsmodelle,
Geschäftsmodelle, IT- Infrastruktur, Geschäftsprozessmodelle und Anwendungssysteme.
Zusätzlich zur isolierten Betrachtung werden auch das Zusammenspiel und die
Abhängigkeiten der einzelnen Bereiche untereinander thematisiert. Der Einsatz dieses
Tools gewährleistet die gesamtheitliche Betrachtung aus gesellschaftlicher, ökonomischer
und technologischer Sicht in den Phasen Analyse, Definition und Implementierung. Die
Analysephase beschäftigt sich mit der Ermittlung von Bedürfnissen mit Hilfe des
Gesellschaftsmodells. Dieses Modell behandelt neben den gesellschaftlichen Werten auch
die Ziele, Präferenzen, Bedürfnisse, Infrastruktur und die Gesellschaftssegmentierung.
Veränderungen der gesellschaftlichen Werte schlagen sich in dem Gesellschaftsmodell
nieder.

3.1 Auswirkungen auf die Geschäftsmodelle

Änderungen in den Gesellschaftsmodellen beeinflussen die Geschäftsmodelle, da die Gesellschaftsmodelle als Grundlage der Geschäftsmodelle dienen. Das Geschäftsmodell beschreibt das Unternehmen aus Außensicht. Thematisiert werden hierbei die Position des Unternehmens in den Wertschöpfungsketten, das Überlebenskonzept, die Interaktion mit der Umwelt und der Nutzen des Unternehmens. [Stäh02, S. 41ff.]

Anhand dieser Themenbereiche lassen sich Geschäftsmodelle in die Teilmodelle Marktmodell, Wertschöpfungsmodell und Kapitalmodell zerlegen. [Wirt01, S. 211]

3.1.1 Marktmodell

Das Marktmodell beschreibt aus externer Sicht die Beziehung zwischen den Akteuren Unternehmen, Kunden und Wettbewerbern und umfasst das Wettbewerbsmodell, das Nachfragermodell und das Lieferantenmodell. [Wirt01, S. 211ff.]

Das Wettbewerbsmodell thematisiert das Wettbewerbsumfeld des Unternehmens. Kernpunkte dieses Modells sind die Strukturen und das Verhalten auf den Märkten, in denen das Unternehmen aktiv ist. Die Auswirkungen, die durch den Wandel von gesellschaftlichen Werten entstehen, können beispielhaft am Trend zur Ökologie gezeigt werden. Durch das steigende Umweltbewusstsein wachsen bestehende oder entstehen neue Absatzmärkte, wie Versandhändler für biologisch angebaute Produkte oder Informationsplattformen über biologische Lebensmittel. Auch eine Veränderung des Markverhaltens kann beobachtet werden, da der Anteil der Bio-Produkte im durchschnittlichen Einkaufskorb der Gesellschaft in den letzten Jahren stets gewachsen ist. [Adlw10, S.1f.]

Neben dem Trend der Ökologie verändert auch das Verlangen der Gesellschaft nach Individualisierung das Wettbewerbsmodell. Dieser Trend stellt eine große Chance für Unternehmen im Bereich E-Commerce dar, da sie dem Kunden eine Plattform anbieten können, auf welcher dieser sein Wunschprodukt eigenständig zusammenstellt. Der stationäre Handel hingegen ist nicht in der Lage die Produkte in dieser Variation in seinem Sortiment anzubieten. [Kreu10, S. 40f.]

Das zweite Teilmodell innerhalb des Marktmodells stellt das Nachfragermodell dar. In diesem Modell stehen die Preisbereitschaft, die nachgefragte Leistung und die Menge der nachgefragten Leistung im Mittelpunkt. Weiterer wichtiger Kernbestandteil des

Nachfragermodells ist die Identifikation der Marktmodelle auf Seite der Nachfrager. [Wirt01, S. 212f.]

Bezogen auf den gesellschaftlichen Wertewandel stellt sich heraus, dass durch das Verschwinden der Familienform „Großfamilie" und das immer stärkere Auftreten von Singlehaushalten und Haushalten von Alleinerziehenden sich das Nachfrageverhalten nachhaltig verändert. Verpackungsgrößen der Produkte müssen angepasst und Öffnungszeiten verlängert werden. Unternehmen, die im E-Business agieren, haben die Chance sich im Vergleich zum stationären Handel besser auf diese Anforderungen einzustellen und Lebensmittel und andere Güter, wie beispielsweise Möbel oder Porzellanbesteck, in verschiedenen Verpackungsgrößen und 24 Stunden am Tag anzubieten. Hierbei ist die Bereitschaft zur Entrichtung eines Aufpreises, ähnlich wie bei biologisch angebauten Produkten, für die Erfüllung der Kundenbedürfnisse ein Faktor, der zur Steigerung der Rendite im Unternehmen beitragen kann. [Kreu10, S. 40f.]

Nicht zu vernachlässigen ist auch das im Wettbewerbsmodell angesprochene Entstehen neuer oder die Erweiterung bestehender Absatzmärkte durch gesellschaftlichen Wertewandel. Der Trend zur bewussten und gesunden Ernährung sorgt dafür, dass die Nachfrage nach „normalen" Produkten sinkt, wohingegen biologisch angebaute Produkte immer gefragter werden. [Adlw10, S. 1f.]

Das Lieferantenmodell beschäftigt sich mit der Beschaffung von Produkten und gibt Aufschluss darüber welche Lieferanten welche Produkte in welcher Quantität, Qualität und zu welchem Preis anbieten. Hauptgegenstand dieses Modells ist die Feststellung der Marktmodelle auf der Beschaffungsseite. Entsprechend der vorherrschenden Bedingungen ist die Verhandlungsmacht des Unternehmens, bei entsprechender Unternehmensgröße, als gering (z.B. beim Angebotsmonopol) oder hoch (z.B. beim Oligopson) einzustufen. [Wirt01, S. 213]

Die Auswirkungen des gesellschaftlichen Wertewandels im Lieferantenmodell zeigen sich bei einer Betrachtung des deutschen Strommarktes. Hier sorgt der Trend zur Ökologie dazu, dass sich die Anzahl der Biostromanbieter von 1997 bis 2004 weltweit nahezu verzehnfacht hat. Obwohl viele Energieversorger nur lokal oder regional ihren Strom anbieten entsteht durch die gestiegene Gesamtzahl ein verschärfter Wettbewerb um private, unternehmerische und staatliche Stromabnehmer, der für eine höhere

Kundenorientierung und eine höhere Auswahlmöglichkeit bei den Verbrauchern sorgt.
[Mark04, S. 155ff.]

3.1.2 Wertschöpfungsmodell

Im Gegensatz zum Marktmodell beschreibt das Wertschöpfungsmodell das Unternehmen
aus Innensicht und thematisiert die Leistungserstellung des Unternehmens über mehrere
Stufen hinweg. Bestandteil dieses Modells sind das Beschaffungsmodell, das
Leistungserstellungsmodell, das Leistungsangebotsmodell und das Distributionsmodell.
[Wirt01, S. 213]

Ausgehend von den zu produzierenden Gütern zeigt das Beschaffungsmodell bei welchen
Lieferanten welche Produktionsfaktoren beschafft werden können. Hauptbestandteil dieses
Modells ist nicht die Struktur des Beschaffungsmarktes (Oligopol, Monopol, Polypol,...)
sondern die Auswahl der einzelnen Firmen als Geschäftspartner. Die Änderung der
Nachfrage nach Produkten auf Seiten der Kunden kann zu Veränderungen in der
Lieferantenstruktur des Unternehmens führen. Eine Ausweitung des Bio-Sortiments oder
die Einführung eines Konfigurators zur Zusammenstellung des Produkts durch den Kunden
sorgen beispielsweise dafür, dass, um Kapazitätsengpässe zu vermeiden, neue Lieferanten
hinzuzunehmen oder alte Lieferanten durch neue zu ersetzen sind. [Stra04, S. 143ff.]

Der Individualisierungstrend kann im Beschaffungsmodell zu einer Änderung der
bisherigen Strukturen führen. Durch das steigende Verlangen nach Individualität sind die
Unternehmen gezwungen mehr Vorleistungen zu erbringen und eine Rückwärtsintegration
durchzuführen. Beispielsweise übernehmen die Kunden durch die o.g. Einführung eines
Konfigurators das Produktdesign. Diese Funktionsübernehme des Kunden sorgt dafür, dass
Intermediäre innerhalb der Wertschöpfungskette nicht mehr benötigt werden und das
Unternehmen direkt beim Hersteller die Produkte einkauft. [Riek04, S. 167]

Ein weiteres Modell innerhalb des Wertschöpfungsmodells stellt das
Leistungserstellungsmodell dar. Der Mittelpunkt dieser Betrachtungsweise ist der
Transformationsprozess der Leistungserstellung im Unternehmen. Einsatzmenge der
Produktionsfaktoren und die Ausbringungsmenge nach dem Leistungserstellungsprozess
sind Qualitätsfaktoren für die Input-Output-Beziehung und Indikatoren für die
Wirtschaftlichkeit des Prozesses. [Wirt01, S. 213]

Der Trend der Individualisierung beeinflusst die Leistungserstellung im Unternehmen. Durch personalisierte Angebote, etwa in Form von personalisierten Startseiten bei Unternehmen, wie beispielsweise Amazon (Geschäftsmodell E-Commerce), bei sozialen Netzwerken wie Xing, (Geschäftsmodell Connection) oder Portalbetreibern wie Google (Geschäftsmodell Connection) können die Bedürfnisse des Kunden befriedigt werden. Durch diese Maßnahmen wird der Leistungserstellungsprozess ausgeweitet. Innerhalb des Unternehmens muss analysiert werden, ob die veränderten Input-Output-Beziehungen im Vergleich zum Vorzustand besser zur weiteren Lebensfähigkeit des Unternehmens beitragen. [Schw06, S. 47f.]

Eng verbunden mit dem Leistungserstellungsmodell ist das Leistungsangebotsmodell. Dieses Modell thematisiert das Anbieten differenzierter Leistungen an die im Nachfragermodell identifizierten Kundengruppen. Das Ziel dieses Modells liegt in der segmentspezifischen Ansprache der einzelnen Gruppen von Nachfragern. Hierdurch erhofft sich das Unternehmen auf die individuellen Wünsche der Kunden eingehen und diese befriedigen zu können. [Wirt01, S. 213]

Der gesellschaftliche Trend der Entchristlichung und somit das verstärkte Auftreten von spirituellen und okkulten Lehren hat erheblichen Einfluss auf E-Business-Unternehmen, die sich in diesen Bereichen bewegen. Es entstehen Teilgruppen innerhalb der Gesellschaft, die alternative Methoden zur Sinnfindung suchen. Chancen zur Ausweitung der Geschäftstätigkeit erlangen vorrangig Portale, die sich mit Religion beschäftigen, aber auch E-Commerce Unternehmen, die sich auf den Versand von Esoterik-Artikeln spezialisiert haben. Beispielhaft erhältliche Produkte sind Kristalle, Schmuck oder Skulpturen. [Pitu10, S. 12f.]

Das vierte Teilmodell des Wertschöpfungsmodells ist das Distributionsmodell. Dieses beschäftigt sich mit der Distribution der Ware zum Nachfrager. Hierbei wird unterschieden zwischen materieller und immaterieller Ware. Materielle Produkte gelangen mittels Paketdienst oder Spedition zum Kunden können jedoch elektronisch gehandelt werden. Immaterielle, informationsbasierte Güter hingegen können sowohl per Paketdienst oder Spedition, wie auch über das Internet geliefert werden. [Wirt01, S. 214]

Im Bereich der Musikindustrie ist es zu einer Verschiebung des Absatzmarktes gekommen, der durch den gesellschaftlichen Trend der Individualisierung mit verursacht wurde. Im Jahr 2000 wurden 54 Millionen Single-CDs verkauft. Im Jahr 2009 fiel die Anzahl auf 5,7

Million verkaufte Single-CDs zurück. Die Zahl der Einzeltracks, die über das Internet distribuiert werden, stieg von 7,5 Millionen Stück im Jahr 2004 auf 49,2 Millionen Stück im Jahr 2009. Die Distributionsmodelle der Musikbranche haben sich den Wünschen der Verbraucher angepasst. Die Verbraucher interessieren sich nicht mehr für alle Tracks auf einer Single CD, sondern möchten nur eine Version des Lieds kaufen. Dieses Bedürfnis kann dadurch befriedigt werden, indem sich die Kunden den gewünschten Track auf einer Musikplattform, wie beispielsweise iTunes, Amazon MP3 oder MP3.de, kaufen. [Bund10, S.20ff.]

3.1.3 Kapitalmodell

Das dritte Teilmodell eines Unternehmens befasst sich in dem Finanzierungsmodell und dem Erlösmodell mit der Zuführung der finanziellen Ressourcen in das Unternehmen und den verschiedenen Möglichkeiten der Refinanzierung. Alle betrieblichen Prozesse zur Bereitstellung und Rückzahlung der für Investitionen benötigten finanziellen Mittel werden vom Finanzierungsmodell thematisiert. Dem Unternehmen stehen diverse Finanzierungsmöglichkeiten, wie beispielsweise die Kreditfinanzierung, die Beteiligungsfinanzierung oder die Selbstfinanzierung zur Verfügung. Durch das E-Business stehen den Unternehmen zahlreiche Möglichkeiten zur Erlösgenerierung zur Verfügung. Wenn die nachgefragte Leistung ohne Intermediär direkt vom Nutzer bezogen wird, dann handelt es sich um direkte Erlöse. Im Unterschied dazu werden indirekte Erlöse von einem Zwischenhändler vereinnahmt. Ein weiteres Unterscheidungskriterium stellt die Transaktionsabhängigkeit dar. Werden die Erlöse aufgrund einer einzelnen, vermarktungsfähigen Transaktion im weitesten Sinne oder aufgrund einer Interaktion zwischen dem Nutzer einer Leistung und dem Unternehmen erhoben, werden sie als transaktionsabhängig bezeichnet. Erlöse, die diese Anforderungen nicht erfüllen, sind transaktionsunabhängig. Die einzelnen Erlösformen werden in der Realität meist kombiniert. [Wirt01, S. 214f.]

Die einzelnen in Kapitel 2 ermittelten gesellschaftlichen Trends haben aus Autorensicht keine in der Realität festellbaren Auswirkungen auf das Kapitalmodell des Perspektivenfünfecks der Wirtschaftsinformatik erzeugt.

3.2 Auswirkungen auf die IT-Infrastruktur

Nach dem Konzept der Nutzer- und Basismaschine stellt die Basismaschine die technologische Sicht dar, während die Nutzermaschine und das verwendete Programm die

Nutzersicht darstellen. Die Nutzer-Sicht zeigt die Anwendungssysteme, während die technologische Sicht die IT-Infrastruktur erklärt. Die Anwendungssysteme eines Unternehmens nutzen die IT-Infrastruktur als Basismaschine. IT-Infrastruktur stellt den Anwendungssystemen diverse Funktionen für Datenverwaltung, Kommunikation und Anwendung zur Verfügung. [FeSi08, S. 302f.]

Im Bereich der Infrastrukturen werden im Perspektiven-Fünfeck unternehmensinterne und öffentliche Infrastrukturen erfasst. Die Kombination des Auftretens der einzelnen gesellschaftlichen Wertänderungen sorgt in der IT-Infrastruktur für nachfolgend dargestellte Veränderungen. Durch den zunehmenden Drang der Globalisierung stellt das weltweite Agieren der einzelnen Unternehmen eine Notwendigkeit dar. Des Weiteren wird durch den Trend der Individualisierung, wie das Beispiel des Konfigurators zeigt, mehr Kapazität an Rechen- und Speicherleistung benötigt. Neu angeschaffte Software stellt neue Anforderungen an die vorhandene IT-Infrastruktur, wodurch die Beschaffung neuer Hardware für das Unternehmen unumstößlich ist. [Schl08, S. 67ff.]

Die Begriffe Green-IT und Energieeffizient haben in den vergangen Jahren zunehmend an Bedeutung gewonnen. Sie stellen einen Indikator für die gesteigerte gesellschaftliche Verantwortung gegenüber der Umwelt dar. Im Bereich der IT-Infrastruktur stellen Server eine der wichtigsten Komponenten für den reibungslosen Betrieb des Firmennetzes dar. Laut einer Untersuchung des Bundesverbands Informationswirtschaft, Telekommunikation und neue Medien bleiben 70 – 80% der Serverressourcen ungenutzt. Zur Nutzung dieser freien Ressourcen finden Konzepte, wie beispielsweise die Server-Virtualisierung, die bestehende Server in der IT-Infrastruktur durch virtuelle Server ersetzt, vermehrt bei den Unternehmen eingesetzt. Die Unternehmen können zweifach profitieren, indem sie ihre Ressourcenausnutzung steigern und gleichzeitig dem gesellschaftlichen Verlangen nach umweltbewussterem Handeln folgen. [Bitk09, S. 1ff.]

3.3 Auswirkungen auf Geschäftsprozessmodelle

In Anlehnung an das von FERSTL und SINZ entwickelte Semantische Objektmodell (SOM) wird als Geschäftsprozessmodell ein Teilsystem der Innenperspektive des betrieblichen Systems auf der Aufgabenebene gesehen. Die Aufgabe des Geschäftsprozessmodells liegt in der Spezifikation des Lösungsverfahrens, welches zur Durchführung des Unternehmensplans genutzt wird. Bestandteil des Geschäftsprozessmodells sind Hauptprozesse, die ihre Leistung an die Umwelt abgeben und Serviceprozesse, die Leistungen für Haupt- oder andere Serviceprozesse zur Verfügung stellen. [FeSi08, S.193f.]

Der SOM-Ansatz unterscheidet drei Merkmale eines Geschäftsprozesses. Unter Einbezug der Systemmerkmale Struktur und Verhalten wird zwischen Leistungssicht, Lenkungssicht und Ablaufsicht unterschieden. Die Leistungssicht beschäftigt sich mit der Erstellung und Übergabe von betrieblichen Leistungen, wie Güter, Zahlungen und Dienstleistungen, an andere Geschäftsprozesse. Die Lenkungssicht hingegen thematisiert die Koordination der an der Erstellung und Übergabe von Leistungen beteiligten betrieblichen Objekte durch Geschäftsprozesse mit Hilfe betrieblicher Transaktionen. Die verhaltensorientierte Ablaufsicht sieht den Geschäftsprozess als einen durch Vorgänge durchgeführten ereignisgesteuerten Ablauf von Aufgaben einzelner betrieblicher Objekte. [FeSi95, S. 209ff.]

Die im SOM-Ansatz enthaltene Modellebene Unternehmensplan kann aus Sicht des Autors dieser Seminararbeit als eine Vereinfachung des Konzeptes des Gesellschaftsmodells nach WIRTZ (siehe Kapitel 3.2) angesehen werden. Da sich getreu dem Vorgehensmodell des SOM-Ansatzes das Geschäftsmodell aus dem Unternehmensplan entwickelt, werden Änderungen der Werte an die untergeordneten Modellebenen weitergegeben. Die Auswirkungen auf das Geschäftsmodell wirken direkt auf das Geschäftsprozessmodell ein. Jeder gesellschaftlicher Wertewandel, der die Geschäftsmodelle beeinflusst schlägt sich in den Geschäftsprozessmodellen nieder.

Veränderungen in der Wertschöpfungskette, wie beispielsweise die in Kapitel 3.1 behandelte Rückwärtsintegration, welche dem Trend der Individualisierung Rechnung trägt, haben direkte Änderungen in der Leistungssicht des Geschäftsprozessmodells zur Folge. Die Ausweitung der Geschäftstätigkeit sorgt für Änderungen im Design der Erstellung und Übergabe von betrieblichen Leistungen. Beispielsweise wird durch eine Rückwärtsintegration ein Intermediär aus der Wertschöpfungskette gedrängt und dessen Funktionen durch das eigene Unternehmen realisiert. [Bac+03, S. 363f.]:

Modifikationen der Lenkungssicht entstehen einerseits durch die im vorherigen Absatz genannten Änderungen in der Leistungssicht aber andererseits auch durch Umorganisation in den Unternehmen. Beispielhaft für die Umorganisation in einem Unternehmen steht die Einführung eines Konfigurators mit dessen Hilfe der Kunde das von ihm gewünschte Produkt dem Unternehmen mitteilen kann und so die Kommunikationsstrukturen im

Unternehmen verändert. Der Kunde leistet einen Wertbeitrag zur Leistungserstellung und es liegt im Aufgabenbereich der Lenkungssicht des Unternehmens den Kunden durch Transaktionen in den Geschäftsprozess zu integrieren. [BrSt09, S. 83f.]

Der Trend zur Individualisierung und zur Ablehnung von Unterordnung, Verpflichtung und Bindung ändert die Ablaufsicht im Unternehmen Im Bereich des E-Commerce haben die Kunden unterschiedliche Anforderungen an einen firmeneigenen Onlineshop. Für den Kunden ist von essentieller Bedeutung, dass Informationen zu dem gewünschten Produkt in ausreichender Form vorhanden sind, dass er seine Kaufentscheidungen während des Bestellprozesses jederzeit verändern kann oder dass die Auswahl an Bezahlverfahren bedürfnisgerecht gestaltet ist. Ferner muss beispielsweise kundenindividuell wählbar sein, ob tägliche Angebote per E-Mail gewünscht sind. Die angeführten Beispiele zeigen, dass der Ablauf eines Onlineeinkaufsvorgangs durch die gennannten gesellschaftlichen Trends sehr komplex geworden ist und eine bedeutende Einflussgröße für die Lebensfähigkeit von Unternehmen darstellt. [Rupp10, S. 48f.]

3.4 Auswirkungen auf Anwendungssystemarchitekturen

Die Lösungsverfahren der Aufgaben des betrieblichen Informationssystems können von personellen oder maschinellen Aufgabenträgern durchgeführt werden. Als personeller Aufgabenträger wird der Mensch angesehen. Anwendungssysteme sind maschinelle Aufgabenträger. Der Automatisierungsgrad der einzelnen Aufgaben entscheidet, ob personelle, maschinelle oder beide Aufgabenträger zur Durchführung des Lösungsverfahrens eingesetzt werden. [FeSi08, S. 459f.]

Zur Analyse der Auswirkungen des gesellschaftlichen Wertewandels auf die Anwendungssystemarchitekturen dient das bereits in Kapitel 3.3 kurz angesprochene von FERSTL und SINZ entwickelte Konzept der Nutzer- und Basismaschine. Im Allgemeinen thematisiert das Modell die Struktur einer programmgesteuerten Maschine aus Innen- und Außensicht. Die Außensicht stellt die Maschine als Nutzermaschine dar, wohingegen die Innensicht aus der Basismaschine und einem dazugehörigen Programm besteht. Mit Hilfe der Basismaschine erzeugt das Programm die Nutzermaschine. Um Anwendungssysteme, die Nutzermaschinen darstellen, realisieren zu können wird eine Basismaschine benötigt. Diese Basismaschine stellt die IT-Infrastruktur in den einzelnen Unternehmen dar. Programme sorgen in Abhängigkeit der IT-Infrastruktur dafür, dass die Anwendungssysteme betriebsbereit sind. Änderungen der gesellschaftlichen Werte, die die

IT-Infrastruktur beeinflussen ziehen getreu dem Konzept der Nutzer- und Basismaschine Änderungen der Anwendungsarchitekturen mit sich. [FeSi08, S. 302f.]

Das in Kapitel 3.3 genannte Beispiel der Umstellung von Hardware auf Green-IT kann zu einer merklichen Belastung für die Nutzermaschinen werden. Anpassungen der IT-Infrastruktur können in Anwendungssystemen, wie beispielsweise Content Management Systemen, schwerwiegende Folgen bis hin zum Systemausfall verursachen. [Ebel08, S. 391ff.]

4 Zusammenfassung und Ausblick

In der vorliegenden Seminararbeit wurden die Auswirkungen von Änderungstrends gesellschaftlicher Werte auf E-Business untersucht. Diese Untersuchung stellt eine der vier Ausarbeitungen im Rahmen der Ermittlung von Einflussfaktoren auf die Überlebensfähigkeit von Unternehmen dar. Diese bilden zusammen mit den Ausarbeitungen der 3 anderen Themenbereiche Grundlagen, Anwendungen und Einzelaspekte alle behandelten Inhalte des Seminars zur Wirtschaftsinformatik im Sommersemester 2010 an dem Lehrstuhl für Wirtschaftsinformatik insbesondere Industrielle Anwendungssystem mit dem Thema Evolution von Konzepten des E-Business: Lebensfähige Kombinationen von Geschäftsmodell (GM), Geschäftsprozess (GP) und Informations- und Kommunikationstechnologie (IKT) ab.

Gesellschaftliche Werte stellen Einstellungen von Gruppen einer Gemeinschaft gegenüber betrachteten Objekten dar. Diese Werte entwickeln und verändern sich im Laufe der Zeit und können somit maßgeblichen Einfluss auf das wirtschaftliche Leben in den einzelnen Epochen haben.

Diese Ausarbeitung zeigt die wichtigsten Veränderungen der gesellschaftlichen Werte, die sich vom Ende des 20. Jahrhunderts bis in die ersten zehn Jahre des 21. Jahrhunderts entwickelt haben. In der ersten Hälfte des 20. Jahrhunderts war die Gesellschaft geprägt von materialistischen Werten, wie beispielsweise Prestige, sozialer Aufstieg und die individuelle Betonung von Leistung. Bis in das Jahr 2010 hinein hat sich diese materialistische Werteinstellung zu einer postmaterialistischen Einstellung geändert. Nun rücken Werte, wie Steigerung der Lebensqualität, gesellschaftliche Beteiligung und Umweltschutz in den Vordergrund.

Die Entchristlichung, der Wille zur politischen Beteiligung, die Ökologie, die Globalisierung, die Individualisierung und die Ablehnung von Bindung, Unterordnung und Verpflichtung stellen in Bezug auf den elektronischen Geschäftsverkehr die bedeutendsten Änderungstrends der gesellschaftlichen Werte im postmaterialistischen 21. Jahrhundert dar. Die Tragweite der Auswirkungen der einzelnen Wertänderungen kann nicht anhand einer definierten Formel vorherbestimmt werden. Es kann keine generelle Aussage über die Auswirkungen von Änderungstrends der gesellschaftlichen Werte auf E-Business getroffen werden. Eine detaillierte Betrachtung der einzelnen Trends war im Rahmen der Arbeit unumstößlich.

Die Analysen, die unter Einsatz des Perspektivenfünfecks der Wirtschaftsinformatik durchgeführt wurden, haben gezeigt, dass beispielsweise die Entchristlichung einen sehr geringen Einfluss auf das E-Business hat. Im Gegensatz hierzu sind der Trend der Individualisierung und das steigende Umweltbewusstsein innerhalb der Gesellschaft zu nennen, da diese weitreichende Konsequenzen im E-Business nach sich ziehen. Diese Konsequenzen werden durch Änderungen der bestehenden Geschäftsmodelle, Entstehung neuer Geschäftsmodelle, Anpassungen der Geschäftsprozessmodelle und Veränderungen in der IT- und Anwendungssystem-Infrastruktur der Unternehmen deutlich.

Auch in Zukunft können die Veränderungen der gesellschaftlichen Werte zu tiefgreifenden Änderungen im Wirtschaftsleben führen. Hierbei muss beachtet werden, dass nicht jeder Änderungstrend diese Erneuerungen auslösen muss. Allerdings kann die Lebensfähigkeit von Unternehmen, die gesellschaftliche Trends ignorieren oder zu spät erkennen nicht garantiert werden. Vergleichsweise dazu sind Unternehmen, die auf die gesellschaftlichen Trends berücksichtigen, tendenziell besser auf dem Markt positioniert.

Alles in allem lässt sich sagen, dass Flexibilität sowohl im stationären Verkauf wie im E-Business höchste Priorität hat. Nur so kann auf die Schnelllebigkeit des Marktes, die von den Änderungen der gesellschaftlichen Werte beeinflusst wird, reagiert werden. Die Vorteile des E-Business im Vergleich zum stationären Handel, wie beispielsweise der Erreichbarkeit einer größeren Kundenbasis, der schnellere Marktzugang und die Möglichkeit der schnelleren Anpassung des Produktportfolios, sorgen dafür, dass der Zeitpunkt der Trenderfassung an Bedeutung gewinnt. Schlussfolgernd lässt sich sagen, dass die Beachtung von gesellschaftlichen Trends für Aktivitäten im Bereich E-Business bedeutsamer ist als für den Verkauf im stationären Handel.

Literaturverzeichnis

[Adlw10] ADLWARTH, Wolfgang: *Bio trotzt der Krise.*
http://www.gfk.com/imperia/md/content/presse/pressemeldungen2010/1002
16_pm_bio_dfin.pdf Abruf vom 15.04.2010, Gesellschaft für
Konsumforschung

[Bac+03] BACH, Norbert; BUCHHOLZ, Wolfgang; EICHLER, Bernd:
Geschäftsmodelle für Wertschöpfungsnetzwerke. 1. Auflage, Gabler Verlag,
Wiesbaden 2003

[Bart05] BARTSCH, Andreas: *Lieferantenwert: Auswirkungen der Eigenschaften
von Lieferanten auf Nutzen und Aufwand bei industriellen Kunden.* 1.
Auflage, Gabler Verlag, Wiesbaden 2005

[BITK09] BITKOM: *Server Virtualisierung – Teil 1: Business Grundlagen.*
http://www.bitkom.org/files/documents/virtualisierung_nov_2009_T1.pdf
Abruf vom 25.04.2010, Bundesverband Informationswirtschaft,
Telekommunikation und neue Medien e.V.

[Boys09] BOYSEN, Werner: *Management Turnaround: Wie Manager durch
enzymisches Management wieder wirksam werden.* 1. Auflage, Gabler
Verlag, Wiesbaden 2009

[BrSt09] BRUHN, Manfred; STRAUSS, Bernd: *Kundenintegration: Forum
Dienstleistungsmanagement.* 1. Auflage, Gabler Verlag, Wiesbaden 2009

[Bund10] BUNDESVERBAND MUSIKINDUSTRIE: *Jahreswirtschaftsbericht 2009.*
http://www.musikindustrie.de/uploads/media/Kap4_Absatz.pdf Abruf vom
28.04.2010, Bundesverband Musikindustrie 2010

[Deut08] DEUTSCHE START-UPS: *mymuesli: Siebenstelliger Umsatz im ersten
Geschäftsjahr.* http://www.deutsche-startups.de/2008/06/18/mymuesli-
siebenstelliger-umsatz-im-ersten-geschaeftsjahr/ Abruf vom 15.04.2010,
Deutsche Startups 2008

[Deut10] DEUTSCHE TELEKOM AG: *Deutsche Telekom führt als erstes Dax-30-
Unternehmen Frauenquote für die Führung ein.*

http://www.telekom.com/dtag/cms/content/dt/de/829454 Abruf vom 20.04.2010, Deutsche Telekom AG 2010

[Ebel08]   EBEL, Nadine: *ITIL-V3-Basis-Zertifizierung: Grundlagen und Zertifizierungsvorbereitung für die ITIL Foundation-Prüfung.* 1. Auflage, Pearson Education Deutschland, München 2008

[Fees00]   FEES, Konrad: *Werte und Bildung.* 1. Auflage, VS Verlag Leske + Budrich, Opladen 2000

[Fers79]   FERSTL, Otto K.: *Konstruktruktion und Analyse von Simulationsmodellen.* 1. Auflage. Hain Verlag, Königstein 1979

[FeSi95]   FERSTL, Otto K.; SINZ, Elmar J.: *Der Ansatz des Semantischen Objektmodells (SOM) zur Modellierung von Geschäftsprozessen.* In: WIRTSCHAFTSINFORMATIK 37 (1995) 3

[FeSi08]   FERSTL Otto K.; SINZ Elmar J.: *Grundlagen der Wirtschaftsinformatik.* 6. Auflage, Oldenbourg Verlag, München 2008

[Fowi09]   FORSCHUNGSGRUPPE WELTANSCHAUUNGEN IN DEUTSCHLAND: *Religionszugehörigkeit, Deutschland Bevölkerung 1950 – 2008.* http://fowid.de/fileadmin/datenarchiv/Religionszugehoerigkeit _Bevoelkerung_1950-2008.pdf Abruf vom 15.04.2010 - Forschungsgruppe Weltanschauungen in Deutschland

[Gier89]   GIERL, Heribert: *Empirische Individualisierungsforschung.* In: *Jahrbuch der Absatz- und Verbrauchsforschung* (1989), 35. Jahrgang, Heft 1

[Grim06]   GRIMMER, Claudia: *Journalismus pur: Albtraum oder Traumjob?.* 1. Auflage, VS-Verlag, Wiesbaden 2006

[HaSc07]   HACKERT, Klaus; SCHÖNHERR, Kurt W.: *Unternehmensnachfolge im Mittelstand: Vom Mitarbeiter zum Unternehmer.* 1. Auflage, Vdf Hochschulverlag, Zürich 2007

[Hopf98]   HOPFENBECK, Waldemar: *Allgemeine Betriebswirtschafts- und Managementlehre: Das Unternehmen im Spannungsfeld zwischen ökonomischen, sozialen und ökologischen Interessen.* 12. Auflage, Moderne Industrie Verlag, Landsberg 1998

[Horx95]   HORX, Matthias: *Trendwörterbuch von Acid bis Zippies.* 1. Auflage, ECON Taschenbuchverlag, Düsseldorf 1996

[Jona05]   JONAS, Astrid: *Vermarktung ökologischer Produkte über den Lebensmitteleinzelhandel: eine empirische Analyse der Hersteller-Händler-Beziehung und der Nachfrage nach Milch.* 1. Auflage, Cuviller Verlag, Göttingen 2005

[Klüv09]   KLÜVER, Nathalie: *Werbesprache als Spiegel der Gesellschaft?: Anzeigentexte und Werbung im Laufe der Jahrzehnte.* 1. Auflage, Diplomica-Verlag, Hamburg 2009

[Kreu10]   KREUTZER, Ralf T.: *Praxisorientiertes Marketing: Grundlagen-Instrumente- Fallbeispiele.* 3. Auflage, Gabler Verlag, Wiesbaden 2010

[Kroh08]   KROH, Martin: *Wertewandel: Immer mehr Ost- und Westdeutsche ticken postmaterialistisch.* In: *Wochenbericht des Deutschen Instituts für Wirtschaftsforschung Berlin* (2008), Jahrgang 75, Heft 34, S. 480-486.

[Mark04]   MARKARD, Jochen: *Strommarkt im Wandel: Veränderung von Innovationsprozessen am Beispiel von Ökostrom und Brennstoffzelle.* 1. Auflage, vdf Hochschulverlag, Zürich 2004

[MeSt08]   MEIER Andreas; STORMER, Henrik: *ebusiness & eCommerce: Management der digitalen Wertschöpfungskette.* 2. Auflage; Springer Verlag, Berlin 2008

[Morp04]   MURPHY, John J.: *Technische Analyse der Finanzmärkte: Grundlagen, Strategien, Methoden, Anwendungen. Incl. Workbook Technische Analyse.* 6. Auflage, FinanzBuch Verlag, München 2007

[MüLe01]   MÜLLER-STEWENS, Günther; LECHNER, Christoph: *Strategisches Management: Wie strategische Initiativen zum Wandel führen.* 1. Auflage, Schäffer-Poeschl, Stuttgart 2001

[Phan98]   PHAN-HUY, Sibyl A.: *Nachfrageseitige Akzeptanz von Technologien im Ernährungsbereich*. 1. Auflage, Vdf Hochschulverlag, Zürich 1998

[Pitu10]   PITUCH, Markus: *Erfolgreiche Business Konzepte*. 1. Auflage, Rainer Bloch Verlag, Weinheim 2010

[Pötz09]   PÖTZSCH, Horst: *Die Deutsche Demokratie*. 5. Auflage, Bundeszentrale für politische Bildung, Bonn 2009

[Riek04]   RIEKHOF, Hans-Christian: *Retail business in Deutschland: Perspektiven, Strategien, Erfolgsmuster: mit Berichten und Fallstudien von Aldi, Conley's, DocMorris, Lush, Metro und Zara*. 1. Auflage, Gabler Verlag, Wiesbaden 2004

[Rolo05]   ROLOFF, Julia: *Sozialer Wandel durch deliberative Prozesse*. 1. Auflage, Metropolis-Verlag, Marburg 2005

[Rupp10]   RUPP, Christian K.: *Kleine und mittlere Handelsbetriebe vor dem Schritt ins Internet: Zahlen, Fakten und Nutzungsmöglichkeiten für erfolgreichen E-commerce*. 1. Auflage, Diplomica Verlag, Hamburg 2010

[Schl08]   SCHLEE, Hans M.: *Komplexität von Informationssystem-Entwicklungsprojekten*. 1. Auflage, GRIN Verlag, München 2008

[Schm09]   SCHMIDT, Weronika: *Direkte Demokratie- eine sinnvolle Ergänzung?: Eine Darstellung am Beispiel Deutschlands*. 1. Auflage, GRIN Verlag, München 2009

[Schw06]   SCHWENKE, Matthias C.: *Individualisierung und Datenschutz rechtskonformer Umgang mit personenbezogenen Daten im Kontext der Individualisierung*. 1. Auflage, Deutscher Universitäts-Verlag, Wiesbaden 2006

[Stä+00]   STÄDLER, Shirley B.; BIRCHER, Walter; STREIFF, Stefan: *Der Begriff Wert im Management: Eine kritische Annäherung an das Value Based Management*. Heft 21, Bern 2000

[Stäh02]   STÄHLER, Patrick: *Geschäftsmodelle in der digitalen Ökonomie. Merkmale, Strategien und Auswirkungen.* Band 7 von Reihe: *Electronic Commerce.* 2. Auflage, EUL Verlag, Lohmar 2002

[Stra04]   STRAUBE, Frank: *E-Logistik: Ganzheitliches Logistikmanagement.* 1. Auflage, Springer-Verlag, Berlin 2004

[Trot08]   VON TROTHA, Trutz: *Die bürgerliche Familie ist tot. Vom Wert der Familie und Wandel der gesellschaftlichen Normen.* In: RÖDDER, Andreas (Hrsg.); ELZ, Wolfgang (Hrsg.): *Alte Werte – Neue Werte, Schlaglichter des Wertewandels.* Vandenhoeck & Ruprecht, Göttingen 2008

[Wein09]   WEINREICH, Jochen: *Globalisierung und Wissensgesellschaft: historische und neurophysiologische Metaformate der Entwicklung von Neuerungen (Innovationen).* 1. Auflage, Kassel University Press, Kassel 2009

[Wirt01]   WIRTZ, Bernd W.: *Electronic Business.* 2 Auflage, Gabler Verlag, Wiesbaden 2001

BEI GRIN MACHT SICH IHR WISSEN BEZAHLT

- Wir veröffentlichen Ihre Hausarbeit,
  Bachelor- und Masterarbeit

- Ihr eigenes eBook und Buch -
  weltweit in allen wichtigen Shops

- Verdienen Sie an jedem Verkauf

Jetzt bei www.GRIN.com hochladen
und kostenlos publizieren